Apetece-lhe Pessoa?

Copyright © 2017 da seleção Susana Ventura e José Jorge Letria

Editora
Renata Farhat Borges

Editoras assistentes
Lilian Scutti e Carla Arbex

Ilustrações
Eloar Guazelli

Diagramação
Print House Design

Revisão
Mineo Takatama

Gravação, edição, trilha sonora e mixagem
Luiz Ribeiro – Estúdio Casa Aberta

Dados Internacionais de Catalogação na Publicação (CIP)
Odilio Hilario Moreira Junior CRB-8/9949

A641 Apetece-lhe Pessoa?: antologia poética para ler e ouvir / organizado por
José Jorge Letria, Susana Ventura ; ilustrado por Eloar Guazzelli.
São Paulo: Peirópolis, 2017.
120 p. : il. ; 13cm x 18cm. – (Clássicos de bolso)
Inclui índice e bibliografia.

ISBN: 978-85-7596-510-8

1. Poesia. 2. Literatura Portuguesa 3. Fernando Pessoa. 4. Heterônimos.
I. Letria, José Jorge. II. Ventura, Susana. III. Guazzelli, Eloar. IV. Título.

2017-9

CDD 869.1
CDU 82-1

Disponível em e-book nos formatos KF8 (ISBN 978-85-7596-512-2) e ePub (ISBN 978-85-7596-511-5)

1ª edição, 2017 – 2ª reimpressão, 2019.

Editora Peirópolis Ltda
Rua Girassol, 310f Vila Madalena
05433-000 São Paulo SP
Tel.: 55 11 3816 0699
vendas@editorapeiropolis.com.br
www.editorapeiropolis.com.br

APETECE-LHE PESSOA?

Antologia poética de
Fernando Pessoa para ler e ouvir

Organização
José Jorge Letria
Susana Ventura

Ilustrações
Eloar Guazelli

Peirópolis

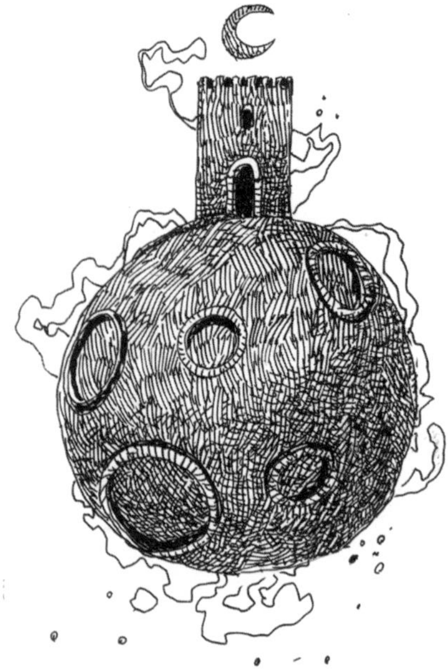

APETECEU-NOS PESSOA!
José Jorge Letria

Nascido num mês de Junho como Fernando Pessoa, creio ter-me geminado com ele e com a sua galáxia heteronímica desde a minha já longínqua adolescência, quando os seus poemas me desassossegavam e davam resposta, com novas perguntas, às minhas inquietações de aspirante a poeta.

Depois tentei escrever à maneira dele, dediquei-lhe poemas, li e reli a sua obra conhecida e por fim escrevi sobre ele para os leitores mais novos. *O Livro do Desassossego* tornou-se minha obra de cabeceira, para nunca me esquecer de que Fernando António Nogueira Pessoa está ali, como um santo de devoção, para mim que sou agnóstico, para me lembrar que nada tem a força da palavra quando se trata de interrogar a vida, o universo, a solidão, o sonho e a morte.

Devo a Fernando Pessoa uma boa parte da minha condição de poeta, pois foi ele, juntamente com Cesário Verde, Herberto Hélder, Jorge de Sena, Alexandre O'Neill, Carlos Drummond de Andrade, João Cabral de Melo Neto e Eugénio de Andrade, que me fizeram perceber que era com as asas do mistério da poesia e não com outras quaisquer, frágeis e perecíveis como as de Ícaro tentado pelo Sol, que eu deveria tentar voar.

E foi assim que, um dia, me atrevi a por em disco os poemas de Pessoa que mais me apetecia dizer, aqueles que nunca deixaram de fazer parte da minha memória afetiva e poética. Não sendo recitador como os grandes João Villaret ou Mário Viegas, senti-me poeta bastante para formular esta pergunta: "Apetece-lhe Pessoa?", ao bom estilo do discurso publicitário, que tanto atraía Fernando Pessoa. O disco foi gravado e ganhou vida própria, e eu achei que tinha prestado mais um tributo sentido a um dos maiores poetas mundiais do século XX, português como eu, lusófono como mais 250 milhões em vários continentes.

Durante a Bienal do Livro de São Paulo, em que participei em Agosto de 2012, surgiu a possibilidade de a Editora Peirópolis editar um livro meu sobre Pessoa para crianças. Nessa ocasião entreguei a Renata Farhat Borges e a Susana Ventura exemplares do CD com poemas do autor de *O Livro do Desassossego*. Assim nasceu este projeto antológico, que envolve as minhas amigas Susana, como inspirada antologiadora, e Renata, como editora.

Nada poderia dar-me mais alegria do que ver um disco a franquear as portas a outras aventuras de partilha e divulgação da obra de Pessoa, cada vez mais lido e amado pelos brasileiros, como tive oportunidade de testemunhar. Resta e impõe-se esta pergunta: "Apetece-lhe Pessoa?". Se lhe apetecer, compre, leia e partilhe, pois Pessoa é tão intemporal e universal que não resistimos à tentação de fazer com que muitos outros tenham o mesmo desejo, o mesmo prazer e a mesma vontade. Ouçam, leiam e que lhes faça tão bom proveito como a nós nos fez dar corpo e vida a este sonho transatlântico, com Pessoa sempre ao leme desta tentadora viagem que tanto nos apetece.

Para ouvir, acesse o QR Code abaixo ou
www.editorapeiropolis.com.br/apetece-lhepessoa?

SUMÁRIO

Sobre a Antologia	12
ÁLVARO DE CAMPOS (heterônimo)	
Poema em linha reta	16
Lisbon Revisited (1923)	18
Lisbon Revisited (1926)	20
Tabacaria	23
[Cruz na porta da tabacaria!]	32
Adiamento	33
Apontamento	35
Aniversário	37
Ah, um soneto...	40
[Quero acabar entre rosas, porque as amei na infância]	41
Dobrada à moda do Porto	42
[Todas as cartas de amor são]	44
ALBERTO CAEIRO (heterônimo)	
De *O guardador de rebanhos* (1911-1912)	
I	48
II	51

IV	52
IX	54
XX	55
XLVII	56

De *O pastor amoroso*
   [V – O amor é uma companhia]   58

De *Poemas inconjuntos* (1913-1915)
   [Se depois de eu morrer, quiserem escrever a minha biografia]   59
   [É talvez o último dia da minha vida]   60

RICARDO REIS (heterônimo)
   [Não só quem nos odeia ou nos inveja]   64
   [Quer pouco: terás tudo]   65
   [Para ser grande, sê inteiro]   66
   [Uns, com os olhos postos no passado]   67
   [Estás só. Ninguém o sabe. Cala e finge]   68
   [Vivem em nós inúmeros]   69

FERNANDO PESSOA (ortônimo)
   [A minha vida é um barco abandonado]   72
   Chuva Oblíqua   73
   O menino de sua mãe   80

[Dá a surpresa de ser]	82
[Gato que brincas na rua]	83
Autopsicografia	84
[Não: não digas nada!]	85
[Tudo que faço ou medito]	86
[Tenho tanto sentimento]	87
[Viajar! Perder países!]	88
Isto	89
Eros e Psique	90
Liberdade	92

De *Mensagem*[1]

D. Dinis	94
O infante	95
Ulisses	96
As Quinas/Quinta/D. Sebastião, Rei de Portugal	97
Mar português	98
Prece	99
Nevoeiro	100

---

1. *Mensagem* foi o único livro de poemas que Fernando Pessoa publicou em vida, em dezembro 1934 – o restante de sua obra foi publicada em periódicos. No entanto, há datas em diversos dos poemas de *Mensagem*, colocadas nos manuscritos pelo próprio Pessoa. Quando é esse o caso, a data aparece após o título do poema. *Mensagem* é dividido em três grandes partes: "Brasão", "Mar português" e "O encoberto". Indicamos quais poemas pertencem a cada uma das etapas. Quando foi possível localizar ano de composição de poemas que compõem o conjunto, indicamos.

BERNARDO SOARES

(semi-heterônimo)/FERNANDO PESSOA

De *Livro do Desassossego* (1982)[2]

    Prefácio   104

    [...]   107

    [...]   110

    [...]   112

    [...]   114

PARA OUVIR   118

---

[2]. O *Livro do Desassossego* foi planejado por Fernando Pessoa, mas ficou definida/mencionada em seus escritos apenas uma pequena parte do seu conteúdo. A primeira edição do livro foi obra de especialistas na obra pessoana e teve primeira publicação em 1982. Depois disso, vários estudiosos e grupos de estudiosos têm se debruçado sobre os manuscritos pessoanos e proposto novos arranjos possíveis para o *Livro do Desassossego*. Esta obra permanecerá aberta e novas possibilidades de agrupamento de textos podem ser propostos pelos estudiosos a partir de agora. A autoria, que o primeiro grupo de pesquisadores atribuiu ao semi-heterônimo Bernardo Soares, também é questionada pelo professor Jerónimo Pizarro, uma das maiores autoridades mundiais em Fernando Pessoa hoje. Ele comenta que só uma pequena parte dessa obra é tributável a Vicente Guedes e Bernardo Soares, preferindo atribuir a obra, tomada em sua possível integralidade, a Fernando Pessoa.

Sobre a Antologia
Susana Ventura

O contato com a obra de Fernando Pessoa é sempre uma oportunidade para o exercício de ver o trabalho de um criador genial, que falou por si e por muitos outros poetas, seus heterônimos – os "outros eus" que encontrou dentro de si. Fernando Pessoa também criou o que ele mesmo chamou, e parte da crítica acatou, a figura do semi-heterônimo Bernardo Soares, muito parecido com ele mesmo, segundo revela ao amigo Adolfo Casais Monteiro na famosa "Carta da gênese dos heterônimos": *É um semi-heterônimo porque, não sendo a personalidade a minha, é, não diferente da minha, mas uma simples mutilação dela. Sou eu menos o raciocínio e a afetividade.*

Optei por abordar a obra de cinco destas "pessoas em Pessoa": Fernando Pessoa (ele mesmo ou "ortônimo"), seus heterônimos Alberto Caeiro, Ricardo Reis, Álvaro de Campos e o semi-heterônimo Bernardo Soares (este no *Livro do Desassossego*, embora parte da crítica atual prefira arrogar a autoria desta obra ao próprio Fernando Pessoa).

Na obra de cada um dos cinco, busquei ordenar os poemas de maneira cronológica – segundo a data que neles colocou o próprio Fernando Pessoa, ou, no caso dos poemas sem data, na ordem cronológica atribuída pela equipe de pesquisadores que tem trabalhado sobre o acervo pessoano em anos recentes.

Procurei, com esta seleção, mostrar um panorama da evolução da obra de Fernando Pessoa ao longo do tempo, do início da década de 1910 até o ano de sua morte, 1935.

Para o caso específico do *Livro do Desassossego*, utilizei várias edições, porém a ordem de montagem e o estabelecimento de texto foram definidos a partir da edição do pesquisador Jerónimo Pizarro, o que também determinou a opção pela não marcação de palavras estrangeiras em itálico nos excertos escolhidos dessa obra fundamental para a compreensão do criador Fernando Pessoa.

A antologia que surgiu originalmente a partir da audição do CD português "Apetece-lhe Pessoa?", de José Jorge Letria, com ela buscou estabelecer contraponto e diálogo, de maneira a que ambas as experiências – leitura e escuta – pudessem ser complementares e abrir janelas interpretativas. Ao conteúdo escolhido por José Jorge Letria inicialmente eu acrescentei uma seleção pessoal, que recebeu também uma gravação e que, felizmente, chega hoje ao público em dois formatos: livro e áudio, este último livre para todos.

Meu desejo é que cada leitor possa escolher/montar/refletir sobre o seu próprio Fernando Pessoa e seja capaz de criar sua antologia pessoal.

ÁLVARO DE CAMPOS

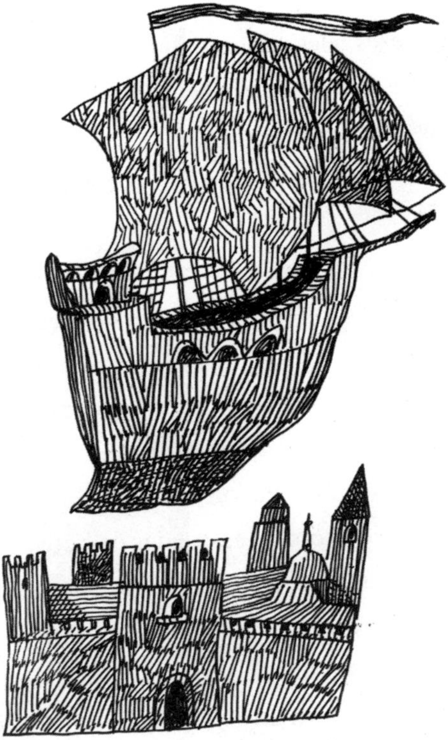

Poema em linha reta

Nunca conheci quem tivesse levado porrada.
Todos os meus conhecidos têm sido campeões em tudo.

E eu, tantas vezes reles, tantas vezes porco, tantas vezes vil,
Eu tantas vezes irrespondivelmente parasita,
Indesculpavelmente sujo,
Eu, que tantas vezes não tenho tido paciência para tomar
[banho,
Eu, que tantas vezes tenho sido ridículo, absurdo,
Que tenho enrolado os pés publicamente nos tapetes das
[etiquetas,
Que tenho sido grotesco, mesquinho, submisso e arrogante,
Que tenho sofrido enxovalhos e calado,
Que quando não tenho calado, tenho sido mais ridículo ainda;
Eu, que tenho sido cômico às criadas de hotel,
Eu, que tenho sentido o piscar de olhos dos moços de fretes,
Eu, que tenho feito vergonhas financeiras, pedido
[emprestado sem pagar,
Eu, que, quando a hora do soco surgiu, me tenho agachado
Para fora da possibilidade do soco;
Eu, que tenho sofrido a angústia das pequenas coisas ridículas,
Eu verifico que não tenho par nisto tudo neste mundo.

Toda a gente que eu conheço e que fala comigo
Nunca teve um ato ridículo, nunca sofreu enxovalho,

Nunca foi senão príncipe – todos eles príncipes – na vida...
Quem me dera ouvir de alguém a voz humana

Que confessasse não um pecado, mas uma infâmia;
Que contasse, não uma violência, mas uma cobardia!
Não, são todos o Ideal, se os oiço e me falam.
Quem há neste largo mundo que me confesse que uma vez
   [foi vil?
Ó príncipes, meus irmãos,

Arre, estou farto de semideuses!
Onde é que há gente no mundo?

Então sou só eu que é vil e errôneo nesta terra?

Poderão as mulheres não os terem amado,
Podem ter sido traídos - mas ridículos nunca!
E eu, que tenho sido ridículo sem ter sido traído,
Como posso eu falar com os meus superiores sem titubear?
Eu, que tenho sido vil, literalmente vil,
Vil no sentido mesquinho e infame da vileza.

Lisbon Revisited (1923)

Não: não quero nada.
Já disse que não quero nada.

Não me venham com conclusões!
A única conclusão é morrer.

Não me tragam estéticas!
Não me falem em moral!

Tirem-me daqui a metafísica!
Não me apregoem sistemas completos, não me enfileirem conquistas
Das ciências (das ciências, Deus meu, das ciências!) —
Das ciências, das artes, da civilização moderna!

Que mal fiz eu aos deuses todos?

Se têm a verdade, guardem-na!

Sou um técnico, mas tenho técnica só dentro da técnica.
Fora disso sou doido, com todo o direito a sê-lo.
Com todo o direito a sê-lo, ouviram?

Não me macem, por amor de Deus!

Queriam-me casado, fútil, quotidiano e tributável?
Queriam-me o contrário disto, o contrário de qualquer coisa?
Se eu fosse outra pessoa, fazia-lhes, a todos, a vontade.
Assim, como sou, tenham paciência!
Vão para o diabo sem mim,
Ou deixem-me ir sozinho para o diabo!
Para que havemos de ir juntos?

Não me peguem no braço!
Não gosto que me peguem no braço. Quero ser sozinho.
Já disse que sou sozinho!
Ah, que maçada quererem que eu seja da companhia!

Ó céu azul — o mesmo da minha infância —
Eterna verdade vazia e perfeita!
Ó macio Tejo ancestral e mudo,
Pequena verdade onde o céu se reflete!
Ó mágoa revisitada, Lisboa de outrora de hoje!
Nada me dais, nada me tirais, nada sois que eu me sinta.

Deixem-me em paz! Não tardo, que eu nunca tardo...
E enquanto tarda o Abismo e o Silêncio quero estar sozinho!

Lisbon Revisited (1926)

Nada me prende a nada.
Quero cinquenta coisas ao mesmo tempo.
Anseio com uma angústia de fome de carne
O que não sei que seja –
Definidamente pelo indefinido...
Durmo irrequieto, e vivo num sonhar irrequieto

De quem dorme irrequieto, metade a sonhar.
Fecharam-me todas as portas abstratas e necessárias.
Correram cortinas de todas as hipóteses que eu poderia ver
    [da rua.
Não há na travessa achada o número da porta que me deram.

Acordei para a mesma vida para que tinha adormecido.
Até os meus exércitos sonhados sofreram derrota.
Até os meus sonhos se sentiram falsos ao serem sonhados.
Até a vida só desejada me farta – até essa vida...

Compreendo a intervalos desconexos;
Escrevo por lapsos de cansaço;
E um tédio que é até do tédio arroja-me à praia.

Não sei que destino ou futuro compete à minha angústia
    [sem leme;
Não sei que ilhas do sul impossível aguardam-me náufrago;
Ou que palmares de literatura me darão ao menos um verso.
Não, não sei isto, nem outra coisa, nem coisa nenhuma...
E, no fundo do meu espírito, onde sonho o que sonhei,
Nos campos últimos da alma, onde memoro sem causa
(E o passado é uma névoa natural de lágrimas falsas),
Nas estradas e atalhos das florestas longínquas
Onde supus o meu ser,
Fogem desmantelados, últimos restos
Da ilusão final,
Os meus exércitos sonhados, derrotados sem ter sido,
As minhas cortes por existir, esfaceladas em Deus.

Outra vez te revejo,
Cidade da minha infância pavorosamente perdida...
Cidade triste e alegre, outra vez sonho aqui...
Eu? Mas sou eu o mesmo que aqui vivi, e aqui voltei,
E aqui tornei a voltar, e a voltar.
E aqui de novo tornei a voltar?
Ou somos todos os Eu que estive aqui ou estiveram,
Uma série de contas-entes ligadas por um fio-memória,

Uma série de sonhos de mim de alguém de fora de mim?
Outra vez te revejo,

Com o coração mais longínquo, a alma menos minha.
Outra vez te revejo – Lisboa e Tejo e tudo –,
Transeunte inútil de ti e de mim,
Estrangeiro aqui como em toda a parte,
Casual na vida como na alma,
Fantasma a errar em salas de recordações,
Ao ruído dos ratos e das tábuas que rangem
No castelo maldito de ter que viver...

Outra vez te revejo,
Sombra que passa através das sombras, e brilha
Um momento a uma luz fúnebre desconhecida,
E entra na noite como um rastro de barco se perde
Na água que deixa de se ouvir...

Outra vez te revejo,
Mas, ai, a mim não me revejo!
Partiu-se o espelho mágico em que me revia idêntico,
E em cada fragmento fatídico vejo só um bocado de mim –
Um bocado de ti e de mim!...

Tabacaria

Não sou nada.
Nunca serei nada.
Não posso querer ser nada.
À parte isso, tenho em mim todos os sonhos do mundo.

Janelas do meu quarto,
Do meu quarto de um dos milhões do mundo que ninguém
 [sabe quem é
(E se soubessem quem é, o que saberiam?),
Dais para o mistério de uma rua cruzada constantemente
 [por gente,
Para uma rua inacessível a todos os pensamentos,
Real, impossivelmente real, certa, desconhecidamente certa,
Com o mistério das coisas por baixo das pedras e dos seres,
Com a morte a pôr umidade nas paredes e cabelos brancos
 [nos homens,
Com o Destino a conduzir a carroça de tudo pela estrada
 [de nada.

Estou hoje vencido, como se soubesse a verdade.
Estou hoje lúcido, como se estivesse para morrer,
E não tivesse mais irmandade com as coisas
Senão uma despedida, tornando-se esta casa e este lado da rua

A fileira de carruagens de um comboio, e uma partida apitada
De dentro da minha cabeça,
E uma sacudidela dos meus nervos e um ranger de ossos na ida.

Estou hoje perplexo, como quem pensou e achou e esqueceu.
Estou hoje dividido entre a lealdade que devo
À Tabacaria do outro lado da rua, como coisa real por fora,
E à sensação de que tudo é sonho, como coisa real por dentro.

Falhei em tudo.
Como não fiz propósito nenhum, talvez tudo fosse nada.
A aprendizagem que me deram,
Desci dela pela janela das traseiras da casa.
Fui até ao campo com grandes propósitos,
Mas lá encontrei só ervas e árvores,
E quando havia gente era igual à outra.
Saio da janela, sento-me numa cadeira. Em que hei-de pensar?

Que sei eu do que serei, eu que não sei o que sou?
Ser o que penso? Mas penso ser tanta coisa!
E há tantos que pensam ser a mesma coisa que não pode
   [haver tantos!
Gênio? Neste momento
Cem mil cérebros se concebem em sonho gênios como eu,
E a história não marcará, quem sabe?, nem um,

Nem haverá senão estrume de tantas conquistas futuras.
Não, não creio em mim.
Em todos os manicômios há doidos malucos com tantas
 [certezas!
Eu, que não tenho nenhuma certeza, sou mais certo ou
 [menos certo?
Não, nem em mim...
Em quantas mansardas e não-mansardas do mundo
Não estão nesta hora gênios-para-si-mesmos sonhando?
Quantas aspirações altas e nobres e lúcidas –
Sim, verdadeiramente altas e nobres e lúcidas –,
E quem sabe se realizáveis,
Nunca verão a luz do sol real nem acharão ouvidos de gente?
O mundo é para quem nasce para o conquistar
E não para quem sonha que pode conquistá-lo, ainda que
 [tenha razão.
Tenho sonhado mais que o que Napoleão fez.
Tenho apertado ao peito hipotético mais humanidades do
 [que Cristo.
Tenho feito filosofias em segredo que nenhum Kant escreveu.
Mas sou, e talvez serei sempre, o da mansarda,
Ainda que não more nela;
Serei sempre *o que não nasceu para isso*;
Serei sempre *só o que tinha qualidades*;

Serei sempre o que esperou que lhe abrissem a porta ao pé
    [de uma parede sem porta,
E cantou a cantiga do Infinito numa capoeira,
E ouviu a voz de Deus num poço tapado.
Crer em mim? Não, nem em nada.
Derrame-me a Natureza sobre a cabeça ardente
O seu sol, a sua chuva, o vento que me acha o cabelo,
E o resto que venha se vier, ou tiver que vir, ou não venha.
Escravos cardíacos das estrelas,
Conquistamos todo o mundo antes de nos levantar da cama;
Mas acordamos e ele é opaco,
Levantamo-nos e ele é alheio,
Saímos de casa e ele é a terra inteira,
Mais o sistema solar e a Via Láctea e o Indefinido.

(Come chocolates, pequena;
Come chocolates!
Olha que não há mais metafísica no mundo senão chocolates.
Olha que as religiões todas não ensinam mais que a confeitaria.
Come, pequena suja, come!
Pudesse eu comer chocolates com a mesma verdade com
    [que comes!
Mas eu penso e, ao tirar o papel de prata, que é de folha de estanho,
Deito tudo para o chão, como tenho deitado a vida.)

Mas ao menos fica da amargura do que nunca serei
A caligrafia rápida destes versos,
Pórtico partido para o Impossível.
Mas ao menos consagro a mim mesmo um desprezo sem lágrimas,
Nobre ao menos no gesto largo com que atiro
A roupa suja que sou, sem rol, pra o decurso das coisas,
E fico em casa sem camisa.

(Tu, que consolas, que não existes e por isso consolas,
Ou deusa grega, concebida como estátua que fosse viva,
Ou patrícia romana, impossivelmente nobre e nefasta,
Ou princesa de trovadores, gentilíssima e colorida,
Ou marquesa do século dezoito, decotada e longínqua,
Ou cocote célebre do tempo dos nossos pais,
Ou não sei quê moderno – não concebo bem o quê –,
Tudo isso, seja o que for, que sejas, se pode inspirar que inspire!
Meu coração é um balde despejado.
Como os que invocam espíritos invocam espíritos invoco
A mim mesmo e não encontro nada.
Chego à janela e vejo a rua com uma nitidez absoluta.
Vejo as lojas, vejo os passeios, vejo os carros que passam,
Vejo os entes vivos vestidos que se cruzam,
Vejo os cães que também existem,

E tudo isto me pesa como uma condenação ao degredo,
E tudo isto é estrangeiro, como tudo.)

Vivi, estudei, amei, e até cri,
E hoje não há mendigo que eu não inveje só por não ser eu.
Olho a cada um os andrajos e as chagas e a mentira,
E penso: talvez nunca vivesses nem estudasses nem amasses
    [nem cresses
(Porque é possível fazer a realidade de tudo isso sem fazer
    [nada disso);
Talvez tenhas existido apenas, como um lagarto a quem
    [cortam o rabo
E que é rabo para aquém do lagarto remexidamente.

Fiz de mim o que não soube,
E o que podia fazer de mim não o fiz.
O dominó que vesti era errado.
Conheceram-me logo por quem não era e não desmenti, e
    [perdi-me.
Quando quis tirar a máscara,
Estava pegada à cara.
Quando a tirei e me vi ao espelho,
Já tinha envelhecido.
Estava bêbado, já não sabia vestir o dominó que não tinha tirado.

Deitei fora a máscara e dormi no vestiário
Como um cão tolerado pela gerência
Por ser inofensivo
E vou escrever esta história para provar que sou sublime.

Essência musical dos meus versos inúteis,
Quem me dera encontrar-te como coisa que eu fizesse,
E não ficasse sempre defronte da Tabacaria de defronte,
Calcando aos pés a consciência de estar existindo,
Como um tapete em que um bêbado tropeça
Ou um capacho que os ciganos roubaram e não valia nada.

Mas o Dono da Tabacaria chegou à porta e ficou à porta.
Olho-o com desconforto da cabeça mal voltada
E com o desconforto da alma mal-entendendo.
Ele morrerá e eu morrerei.
Ele deixará a tabuleta, eu deixarei versos.
A certa altura morrerá a tabuleta também, e os versos também.
Depois de certa altura morrerá a rua onde esteve a tabuleta,
E a língua em que foram escritos os versos.
Morrerá depois o planeta girante em que tudo isto se deu.
Em outros satélites de outros sistemas qualquer coisa como gente
Continuará fazendo coisas como versos e vivendo por baixo
    [de coisas como tabuletas,

Sempre uma coisa defronte da outra,
Sempre uma coisa tão inútil como a outra,
Sempre o impossível tão estúpido como o real,
Sempre o mistério do fundo tão certo como o sono de
 [mistério da superfície,
Sempre isto ou sempre outra coisa ou nem uma coisa nem
 [outra.

Mas um homem entrou na Tabacaria (para comprar tabaco?),
E a realidade plausível cai de repente em cima de mim.
Semiergo-me enérgico, convencido, humano,
E vou tencionar escrever estes versos em que digo o contrário.

Acendo um cigarro ao pensar em escrevê-los
E saboreio no cigarro a libertação de todos os pensamentos.
Sigo o fumo como a uma rota própria,
E gozo, num momento sensitivo e competente,
A libertação de todas as especulações
E a consciência de que a metafísica é uma consequência de
 [estar mal disposto.

Depois deito-me para trás na cadeira
E continuo fumando.

Enquanto o Destino mo conceder, continuarei fumando.
(Se eu casasse com a filha da minha lavadeira
Talvez fosse feliz.)
Visto isto, levanto-me da cadeira. Vou à janela.

O homem saiu da Tabacaria (metendo troco na algibeira das
 [calças?).
Ah, conheço-o: é o Esteves sem metafísica.
(O dono da Tabacaria chegou à porta.)
Como por um instinto divino o Esteves voltou-se e viu-me.
Acenou-me adeus, gritei-lhe *Adeus ó Esteves!*, e o universo
Reconstruiu-se-me sem ideal nem esperança, e o Dono da
 [Tabacaria sorriu.

[Cruz na porta da tabacaria!]

Cruz na porta da tabacaria!
Quem morreu? O próprio Alves? Dou
Ao diabo o bem-estar que trazia.
Desde ontem a cidade mudou.

Quem era? Ora, era quem eu via.
Todos os dias o via. Estou
Agora sem essa monotonia.
Desde ontem a cidade mudou.

Ele era o dono da tabacaria.
Um ponto de referência de quem sou
Eu passava ali de noite e de dia.
Desde ontem a cidade mudou.

Meu coração tem pouca alegria,
E isto diz que é morte aquilo onde estou.
Horror fechado da tabacaria!
Desde ontem a cidade mudou.

Mas ao menos a ele alguém o via,
Ele era fixo, eu, o que vou,
Se morrer, não falto, e ninguém diria.
Desde ontem a cidade mudou.

Adiamento

Depois de amanhã, sim, só depois de amanhã...
Levarei amanhã a pensar em depois de amanhã,
E assim será possível; mas hoje não...
Não, hoje nada; hoje não posso.
A persistência confusa da minha subjetividade objetiva,
O sono da minha vida real, intercalado,
O cansaço antecipado e infinito,
Um cansaço de mundos para apanhar um elétrico...
Esta espécie de alma...

Só depois de amanhã...
Hoje quero preparar-me,

Quero preparar-me para pensar amanhã no dia seguinte...
Ele é que é decisivo.
Tenho já o plano traçado; mas não, hoje não traço planos...
Amanhã é o dia dos planos.
Amanhã sentar-me-ei à secretária para conquistar o mundo;
Mas só conquistarei o mundo depois de amanhã...
Tenho vontade de chorar,
Tenho vontade de chorar muito de repente, de dentro...
Não, não queiram saber mais nada, é segredo, não digo.
Só depois de amanhã...

Quando era criança o circo de domingo divertia-me toda a
[semana.
Hoje só me diverte o circo de domingo de toda a semana da
[minha infância...
Depois de amanhã serei outro,
A minha vida triunfar-se-á,
Todas as minhas qualidades reais de inteligente, lido e prático
Serão convocadas por um edital...
Mas por um edital de amanhã...
Hoje quero dormir, redigirei amanhã...
Por hoje, qual é o espetáculo que me repetiria a infância?
Mesmo para eu comprar os bilhetes amanhã,
Que depois de amanhã é que está bem o espetáculo...
Antes, não...
Depois de amanhã terei a pose pública que amanhã estudarei.
Depois de amanhã serei finalmente o que hoje não posso
[nunca ser.
Só depois de amanhã...
Tenho sono como o frio de um cão vadio.
Tenho muito sono.
Amanhã te direi as palavras, ou depois de amanhã...
Sim, talvez só depois de amanhã...

O porvir...
Sim, o porvir...

Apontamento

A minha alma partiu-se como um vaso vazio.
Caiu pela escada excessivamente abaixo.
Caiu das mãos da criada descuidada.
Caiu, fez-se em mais pedaços do que havia loiça no vaso.

Asneira? Impossível? Sei lá!
Tenho mais sensações do que tinha quando me sentia eu.
Sou um espalhamento de cacos sobre um capacho por
 [sacudir.

Fiz barulho na queda como um vaso que se partia.
Os deuses que há debruçam-se do parapeito da escada.
E fitam os cacos que a criada deles fez de mim.

Não se zangam com ela.
São tolerantes com ela.
O que eu era um vaso vazio?

Olham os cacos absurdamente conscientes,
Mas conscientes de si mesmos, não conscientes deles.

Olham e sorriem.

Sorriem tolerantes à criada involuntária.
Alastra a grande escadaria atapetada de estrelas.
Um caco brilha, virado do exterior lustroso, entre os astros.
A minha obra? A minha alma principal? A minha vida?
Um caco.
E os deuses olham-no especialmente, pois não sabem
   [porque ficou ali.

Aniversário

No tempo em que festejavam o dia dos meus anos,
Eu era feliz e ninguém estava morto.
Na casa antiga, até eu fazer anos era uma tradição de há
    [séculos,
E a alegria de todos, e a minha, estava certa com uma
    [religião qualquer.

No tempo em que festejavam o dia dos meus anos,
Eu tinha a grande saúde de não perceber coisa nenhuma,
De ser inteligente para entre a família,
E de não ter as esperanças que os outros tinham por mim.
Quando vim a ter esperanças, já não sabia ter esperanças.
Quando vim a olhar para a vida, perdera o sentido da vida.

Sim, o que fui de suposto a mim mesmo,
O que fui de coração e parentesco.
O que fui de serões de meia-província,
O que fui de amarem-me e eu ser menino,
O que fui — ai, meu Deus!, o que só hoje sei que fui...
A que distância!...
(Nem o eco...)

O tempo em que festejavam o dia dos meus anos!

O que eu sou hoje é como a umidade no corredor do fim
 [da casa,
Pondo grelado nas paredes...
O que eu sou hoje (e a casa dos que me amaram treme
 [através das minhas lágrimas),
O que eu sou hoje é terem vendido a casa,
É terem morrido todos,
É estar eu sobrevivente a mim mesmo como um fósforo frio...
No tempo em que festejavam o dia dos meus anos ...
Que meu amor, como uma pessoa, esse tempo!
Desejo físico da alma de se encontrar ali outra vez,
Por uma viagem metafísica e carnal,
Com uma dualidade de eu para mim...
Comer o passado como pão de fome, sem tempo de
 [manteiga nos dentes!

Vejo tudo outra vez com uma nitidez que me cega para o
 [que há aqui...
A mesa posta com mais lugares, com melhores desenhos na
 [loiça, com mais copos,
O aparador com muitas coisas — doces, frutas, o resto na
 [sombra debaixo do alçado,
As tias velhas, os primos diferentes, e tudo era por minha causa,

No tempo em que festejavam o dia dos meus anos...

Para, meu coração!
Não penses! Deixa o pensar na cabeça!
Ó meu Deus, meu Deus, meu Deus!
Hoje já não faço anos.
Duro.
Somam-se-me dias.
Serei velho quando o for.
Mais nada.
Raiva de não ter trazido o passado roubado na algibeira!...

O tempo em que festejavam o dia dos meus anos!...

Ah, um soneto...
1931

Meu coração é um almirante louco
Que abandonou a profissão do mar
E que a vai relembrando pouco a pouco
Em casa a passear, a passear...

No movimento (eu mesmo me desloco
Nesta cadeira, só de o imaginar)
O mar abandonado fica em foco
Nos músculos cansados de parar.

Há saudades nas pernas e nos braços.
Há saudades no cérebro por fora.
Há grandes raivas feitas de cansaços.

Mas – esta é boa! – era do coração
Que eu falava... e onde diabo estou eu agora
Com almirante em vez de sensação?...

[Quero acabar entre rosas, porque as amei na infância.]

Quero acabar entre rosas, porque as amei na infância.
Os crisântemos de depois, desfolhei-os a frio.
Falem pouco, devagar.
Que eu não oiça, sobretudo com o pensamento.
O que quis? Tenho as mãos vazias,
Crispadas flebilmente sobre a colcha longínqua.
O que pensei? Tenho a boca seca, abstrata.
O que vivi? Era tão bom dormir!

Dobrada à moda do Porto

Um dia, num restaurante, fora do espaço e do tempo,
Serviram-me o amor como dobrada fria.
Disse delicadamente ao missionário da cozinha
Que a preferia quente,
Que a dobrada (e era à moda do Porto) nunca se come fria.

Impacientaram-se comigo.
Nunca se pode ter razão, nem num restaurante.
Não comi, não pedi outra coisa, paguei a conta,
E vim passear para toda a rua.

Quem sabe o que isto quer dizer?
Eu não sei, e foi comigo...

(Sei muito bem que na infância de toda a gente houve um
    [jardim,
Particular ou público, ou do vizinho.
Sei muito bem que brincarmos era o dono dele.
E que a tristeza é de hoje).

Sei isso muitas vezes,
Mas, se eu pedi amor, porque é que me trouxeram
Dobrada à moda do Porto fria?

Não é prato que se possa comer frio,
Mas trouxeram-mo frio.
Não me queixei, mas estava frio,
Nunca se pode comer frio, mas veio frio.

[Todas as cartas de amor são]

Todas as cartas de amor são
Ridículas.
Não seriam cartas de amor se não fossem
Ridículas.

Também escrevi em meu tempo cartas de amor,
Como as outras,
Ridículas.

As cartas de amor, se há amor,
Têm de ser
Ridículas.

Mas, afinal,
Só as criaturas que nunca escreveram
Cartas de amor
É que são
Ridículas.

Quem me dera no tempo em que escrevia
Sem dar por isso
Cartas de amor
Ridículas.

A verdade é que hoje
As minhas memórias
Dessas cartas de amor
É que são
Ridículas.

(Todas as palavras esdrúxulas,
Como os sentimentos esdrúxulos,
São naturalmente
Ridículas.)

ALBERTO CAEIRO

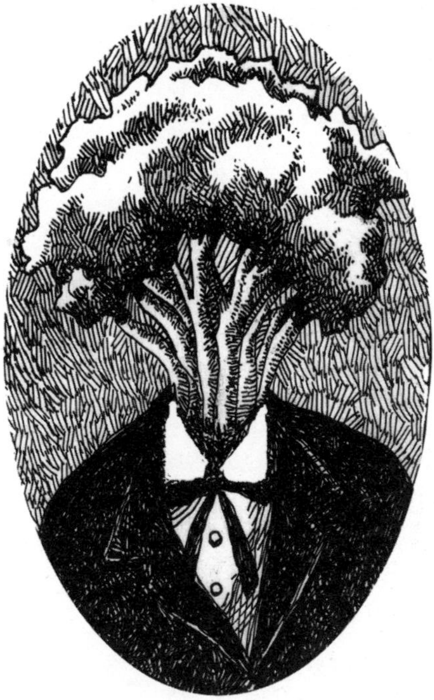

De *O guardador de rebanhos* (1911-1912)

I

Eu nunca guardei rebanhos,
Mas é como se os guardasse.
Minha alma é como um pastor,
Conhece o vento e o sol
E anda pela mão das Estações
A seguir e a olhar.
Toda a paz da Natureza sem gente
Vem sentar-se a meu lado.
Mas eu fico triste como um pôr de sol
Para a nossa imaginação,
Quando esfria no fundo da planície
E se sente a noite entrada
Como uma borboleta pela janela.

Mas a minha tristeza é sossego
Porque é natural e justa
E é o que deve estar na alma
Quando já pensa que existe
E as mãos colhem flores sem ela dar por isso.

Como um ruído de chocalhos
Para além da curva da estrada,

Os meus pensamentos são contentes.
Só tenho pena de saber que eles são contentes,
Porque, se o não soubesse,
Em vez de serem contentes e tristes,
Seriam alegres e contentes.

Pensar incomoda como andar à chuva
Quando o vento cresce e parece que chove mais.

Não tenho ambições nem desejos.
Ser poeta não é uma ambição minha.
É a minha maneira de estar sozinho.

E se desejo às vezes,
Por imaginar, ser cordeirinho
(Ou ser o rebanho todo
Para andar espalhado por toda a encosta
A ser muita cousa feliz ao mesmo tempo),
É só por que sinto o que escrevo ao pôr do sol,
Ou quando uma nuvem passa a mão por cima da luz
E corre um silêncio pela erva fora.

Quando me sento a escrever versos
Ou, passeando pelos caminhos ou pelos atalhos,
Escrevo versos num papel que está no meu pensamento,

Sinto um cajado nas mãos
E vejo um recorte de mim
No cimo dum outeiro,
Olhando para o meu rebanho e vendo as minhas ideias
Ou olhando para as minhas ideias e vendo o meu rebanho,
E sorrindo vagamente como quem não compreende o que se diz
E quer fingir que compreende.

Saúdo todos os que me lerem,
Tirando-lhes o chapéu largo
Quando me veem à minha porta
Mal a diligência levanta no cimo do outeiro.
Saúdo-os e desejo-lhes sol,
E chuva, quando a chuva é precisa,
E que as suas casas tenham
Ao pé duma janela aberta
Uma cadeira predileta
Onde se sentem, lendo os meus versos.
E ao lerem os meus versos pensem
Que sou qualquer cousa natural –
Por exemplo, a árvore antiga
À sombra da qual quando crianças
Se sentavam com um baque, cansados de brincar,
E limpavam o suor da testa quente
Com a manga do bibe riscado.

II

O meu olhar é nítido como um girassol.
Tenho o costume de andar pelas estradas
Olhando para a direita e para a esquerda,
E de, vez em quando olhando para trás...
E o que vejo a cada momento
É aquilo que nunca antes eu tinha visto,
E eu sei dar por isso muito bem...
Sei ter o pasmo essencial
Que tem uma criança se, ao nascer,
Reparasse que nascera deveras...
Sinto-me nascido a cada momento
Para a eterna novidade do Mundo...
Creio no mundo como num malmequer,
Porque o vejo. Mas não penso nele
Porque pensar é não compreender...
O Mundo não se fez para pensarmos nele
(Pensar é estar doente dos olhos)
Mas para olharmos para ele e estarmos de acordo...
Eu não tenho filosofia: tenho sentidos...
Se falo na Natureza não é porque saiba o que ela é,
Mas porque a amo, e amo-a por isso,
Porque quem ama nunca sabe o que ama
Nem sabe porque ama, nem o que é amar ...

Amar é a eterna inocência,
E a única inocência não pensar...

IV
Esta tarde a trovoada caiu
Pelas encostas do céu abaixo
Como um pedregulho enorme.

Como alguém que duma janela alta
Sacode uma toalha de mesa,
E as migalhas, por caírem todas juntas,
Fazem algum barulho ao cair,
A chuva chiou do céu
E enegreceu os caminhos.

Quando os relâmpagos sacudiam o ar
E abanavam o espaço
Como uma grande cabeça que diz que não,
Não sei porquê — eu não tinha medo
Pus-me a querer rezar a Santa Bárbara
Como se eu fosse a velha tia de alguém.

Ah! é que rezando a Santa Bárbara
Eu sentia-me ainda mais simples
Do que julgo que sou.

Sentia-me familiar e caseiro
E tendo passado a vida
Tranquilamente, como o muro do quintal;
Tendo ideias e sentimentos por os ter
Como uma flor tem perfume e cor.

Sentia-me alguém que possa acreditar em Santa Bárbara...
Ah, poder crer em Santa Bárbara!
(Quem crê que há Santa Bárbara,
Julgará que ela é gente e visível
Ou que julgará dela?)

(Que artifício! Que sabem
As flores, as árvores, os rebanhos,
De Santa Bárbara?... Um ramo de árvore,
Se pensasse, nunca podia
Construir santos nem anjos...
Poderia julgar que o sol
Alumia, e que a trovoada
É uma quantidade de gente
Zangada por cima de nós...
Ah, como os mais simples dos homens
São doentes e confusos e estúpidos
Ao pé da clara simplicidade

E saúde em existir
Das árvores e das plantas!)

E eu, pensando em tudo isto,
Fiquei outra vez menos feliz...
Fiquei sombrio e adoecido e soturno
Como um dia em que todo o dia a trovoada ameaça
E nem sequer de noite chega...

IX
Sou um guardador de rebanhos.
O rebanho é os meus pensamentos
E os meus pensamentos são todos sensações.
Penso com os olhos e com os ouvidos
E com as mãos e os pés

E com o nariz e a boca.
Pensar uma flor é vê-la e cheirá-la

E comer um fruto é saber-lhe o sentido.

Por isso quando num dia de calor
Me sinto triste de gozá-lo tanto,
E me deito ao comprido na erva,
E fecho os olhos quentes,

Sinto todo o meu corpo deitado na realidade,
Sei a verdade e sou feliz.

XX

O Tejo é mais belo que o rio que corre pela minha aldeia,
Mas o Tejo não é mais belo que o rio que corre pela minha aldeia
Porque o Tejo não é o rio que corre pela minha aldeia.

O Tejo tem grandes navios
E navega nele ainda,
Para aqueles que veem em tudo o que lá não está,
A memória das naus.

O Tejo desce de Espanha
E o Tejo entra no mar em Portugal.
Toda a gente sabe isso.
Mas poucos sabem qual é o rio da minha aldeia
E para onde ele vai
E donde ele vem.
E por isso, porque pertence a menos gente,

É mais livre e maior o rio da minha aldeia.
Pelo Tejo vai-se para o mundo.

Para além do Tejo há a América

E a fortuna daqueles que a encontram.

Ninguém nunca pensou no que há para além

Do rio da minha aldeia.

O rio da minha aldeia não faz pensar em nada.

Quem está ao pé dele está só ao pé dele.

XLVII

Num dia excessivamente nítido,

Dia em que dava a vontade de ter trabalhado muito

Para nele não trabalhar nada,

Entrevi, como uma estrada por entre as árvores,

O que talvez seja o Grande Segredo,

Aquele Grande Mistério de que os poetas falsos falam.

Vi que não há Natureza,

Que Natureza não existe,

Que há montes, vales, planícies,

Que há árvores, flores, ervas,

Que há rios e pedras,

Mas que não há um todo a que isso pertença,

Que um conjunto real e verdadeiro

É uma doença das nossas ideias.

A Natureza é partes sem um todo.

Isto é talvez o tal mistério de que falam.

Foi isto o que sem pensar nem parar,
Acertei que devia ser a verdade
Que todos andam a achar e que não acham,
E que só eu, porque a não fui achar, achei.

De *O pastor amoroso*
[V – O amor é uma companhia]

O amor é uma companhia.
Já não sei andar só pelos caminhos,
Porque já não posso andar só.
Um pensamento visível faz-me andar mais depressa
E ver menos, e ao mesmo tempo gostar bem de ir vendo
  [tudo.
Mesmo a ausência dela é uma coisa que está comigo.
E eu gosto tanto dela que não sei como a desejar.
Se a não vejo, imagino-a e sou forte como as árvores altas.
Mas se a vejo tremo, não sei o que é feito do que sinto na
  [ausência dela.
Todo eu sou qualquer força que me abandona.
Toda a realidade olha para mim como um girassol com a
  [cara dela no meio.

De *Poemas inconjuntos* (1913-1915)
[Se depois de eu morrer, quiserem escrever a minha biografia]

Se depois de eu morrer, quiserem escrever a minha biografia,
Não há nada mais simples
Tem só duas datas – a da minha nascença e a da minha morte.
Entre uma e outra cousa todos os dias são meus.

Sou fácil de definir.
Vi como um danado.
Amei as coisas sem sentimentalidade nenhuma.
Nunca tive um desejo que não pudesse realizar, porque
    [nunca ceguei.
Mesmo ouvir nunca foi para mim senão um
    [acompanhamento de ver.
Compreendi que as coisas são reais e todas diferentes umas
    [das outras;
Compreendi isto com os olhos, nunca com o pensamento.
Compreender isto com o pensamento seria achá-las todas
    [iguais.

Um dia deu-me o sono como a qualquer criança.
Fechei os olhos e dormi.
Além disso, fui o único poeta da Natureza.

[É talvez o último dia da minha vida]
                (ditado pelo poeta no dia da sua morte)

É talvez o último dia da minha vida.
Saudei o sol, levantando a mão direita,
Mas não o saudei, dizendo-lhe adeus.
Fiz sinal de gostar de o ver ainda, mais nada.

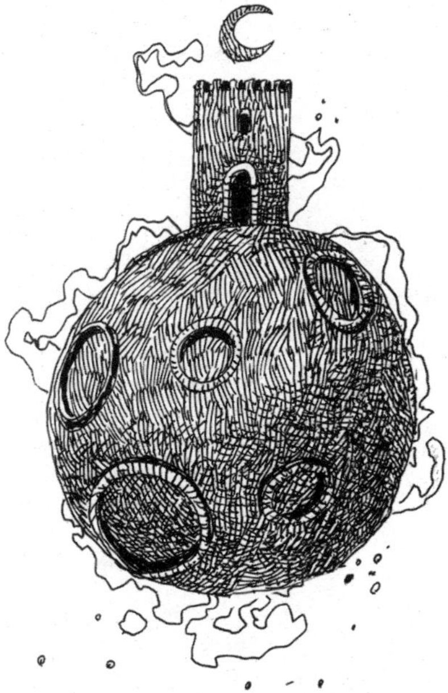

RICARDO REIS

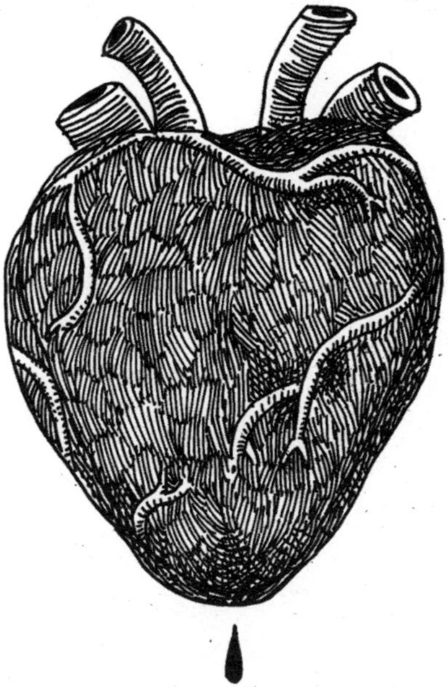

[Não só quem nos odeia ou nos inveja]
1930

Não só quem nos odeia ou nos inveja
Nos limita e oprime; quem nos ama
    Não menos nos limita.
Que os deuses me concedam que, despido

De afetos, tenha a fria liberdade
    Dos píncaros sem nada.
Quem quer pouco, tem tudo; quem quer nada
É livre; quem não tem, e não deseja,
    Homem, é igual aos deuses.

[Quer pouco: terás tudo.]
1930

Quer pouco: terás tudo.
Quer nada: serás livre.
O mesmo amor que tenham
Por nós, quer-nos, oprime-nos.

[Para ser grande, sê inteiro]
1933

Para ser grande, sê inteiro: nada
    Teu exagera ou exclui.
Sê todo em cada coisa. Põe quanto és
    No mínimo que fazes.
Assim em cada lago a Lua toda
    Brilha, porque alta vive.

[Uns, com os olhos postos no passado]
1933

Uns, com os olhos postos no passado,
Veem o que não veem; outros, fitos
Os mesmos olhos no futuro, veem
    O que não pode ver-se.

Porque tão longe ir pôr o que está perto –
O dia real que vemos? No mesmo hausto
Em que vivemos, morreremos. Colhe
    O dia, porque és ele.

[Estás só. Ninguém o sabe. Cala e finge.]
1933

Estás só. Ninguém o sabe. Cala e finge.
    Mas finge sem fingires.
Nada esperes que em ti já não exista,
    Cada um consigo é tudo
Tens sol se há sol, ramos se ramos buscas,
    Sorte se a sorte é dada.

[Vivem em nós inúmeros]
1935

Vivem em nós inúmeros;
Se penso ou sinto, ignoro
Quem é que pensa ou sente.
Sou somente o lugar
Onde se sente ou pensa.

Tenho mais almas que uma.
Há mais eus do que eu mesmo.
Existo todavia
Indiferente a todos.
Faço-os calar: eu falo.

Os impulsos cruzados
Do que sinto ou não sinto
Disputam em quem sou.
Ignoro-os. Nada ditam
A quem me sei: eu escrevo.

FERNANDO PESSOA

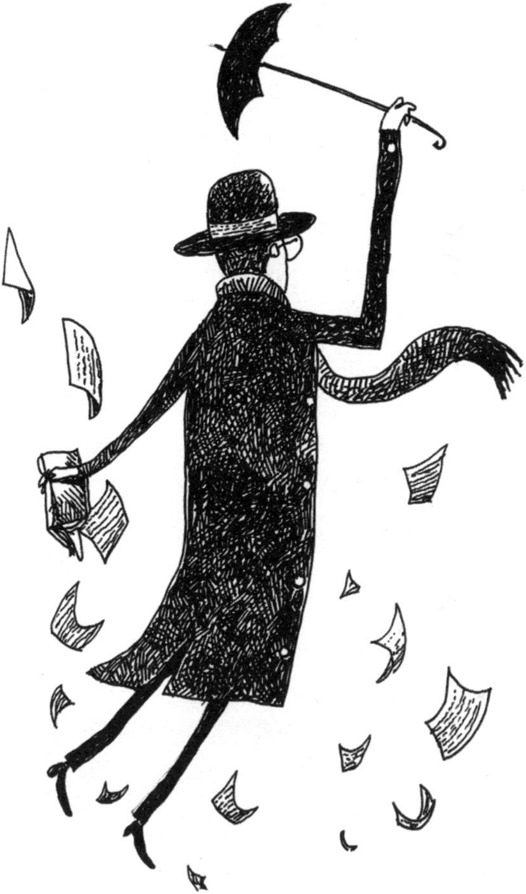

[A minha vida é um barco abandonado]
década de 1910

A minha vida é um barco abandonado
Infiel, no ermo porto, ao seu destino.
Por que não ergue ferro e segue o atino
De navegar, casado com o seu fado?
Ah! falta quem o lance ao mar, e alado
Torne seu vulto em velas; peregrino
Frescor de afastamento, no divino
Amplexo da manhã, puro e salgado.

Morto corpo da ação sem vontade
Que o viva, vulto estéril de viver,
Boiando à tona inútil da saudade.

Os limos esverdeiam tua quilha,
O vento embala-te sem te mover,
E é para além do mar a ansiada Ilha.

Chuva Oblíqua
1914

I
Atravessa esta paisagem o meu sonho dum porto infinito
E a cor das flores é transparente de as velas de grandes
 [navios
Que largam do cais arrastando nas águas por sombra
Os vultos ao sol daquelas árvores antigas…

O porto que sonho é sombrio e pálido
E esta paisagem é cheia de sol deste lado…
Mas no meu espírito o sol deste dia é porto sombrio
E os navios que saem do porto são estas árvores ao sol…

Liberto em duplo, abandonei-me da paisagem abaixo…
O vulto do cais é a estrada nítida e calma
Que se levanta e se ergue como um muro,
E os navios passam por dentro dos troncos das árvores
Com uma horizontalidade vertical,
E deixam cair amarras na água pelas folhas uma a uma
 [dentro…

Não sei quem me sonho…
Súbito toda a água do mar do porto é transparente

E vejo no fundo, como uma estampa enorme que lá estivesse
 [desdobrada,
Esta paisagem toda, renque de árvore, estrada a arder em
 [aquele porto,
E a sombra duma nau mais antiga que o porto que passa
Entre o meu sonho do porto e o meu ver esta paisagem
E chega ao pé de mim, e entra por mim dentro,
E passa para o outro lado da minha alma…

II
Ilumina-se a igreja por dentro da chuva deste dia,
E cada vela que se acende é mais chuva a bater na vidraça…

Alegra-me ouvir a chuva porque ela é o templo estar aceso,
E as vidraças da igreja vistas de fora são o som da chuva
 [ouvido por dentro…

O esplendor do altar-mor é o eu não poder quase ver os montes
Através da chuva que é ouro tão solene na toalha do altar…
Soa o canto do coro, latino e vento a sacudir-me a vidraça
E sente-se chiar a água no fato de haver coro…
A missa é um automóvel que passa
Através dos fiéis que se ajoelham em hoje ser um dia triste…
Súbito vento sacode em esplendor maior

A festa da catedral e o ruído da chuva absorve tudo
Até só se ouvir a voz do padre água perder-se ao longe
Com o som de rodas de automóvel...

E apagam-se as luzes da igreja
Na chuva que cessa...

III

A Grande Esfinge do Egito sonha por este papel dentro...
Escrevo – e ela aparece-me através da minha mão transparente
E ao canto do papel erguem-se as pirâmides...

Escrevo – perturbo-me de ver o bico da minha pena
Ser o perfil do rei Quéops...
De repente paro...
Escureceu tudo... Caio por um abismo feito de tempo...
Estou soterrado sob as pirâmides a escrever versos à luz
    [clara deste candeeiro

E todo o Egito me esmaga de alto através dos traços que faço
    [com a pena...
Ouço a Esfinge rir por dentro
O som da minha pena a correr no papel...
Atravessa o eu não poder vê-la uma mão enorme,
Varre tudo para o canto do teto que fica por detrás de mim,

E sobre o papel onde escrevo, entre ele e a pena que escreve
Jaz o cadáver do rei Quéops, olhando-me com olhos muito
   [abertos,
E entre os nossos olhares que se cruzam corre o Nilo
E uma alegria de barcos embandeirados erra
Numa diagonal difusa
Entre mim e o que eu penso…

Funerais do rei Quéops em ouro velho e Mim!...

IV
Que pandeiretas o silêncio deste quarto!...
As paredes estão na Andaluzia…

Há danças sensuais no brilho fixo da luz…
De repente todo o espaço para…,

Para, escorrega, desembrulha-se…,
E num canto do teto, muito mais longe do que ele está,
Abrem mãos brancas janelas secretas
E há ramos de violetas caindo
De haver uma noite de primavera lá fora
Sobre o eu estar de olhos fechados…

V
Lá fora vai um redemoinho de sol os cavalos do carroussel…
Árvores, pedras, montes, bailam parados dentro de mim…

Noite absoluta na feira iluminada, luar no dia de sol lá fora,
E as luzes todas da feira fazem ruídos dos muros do quintal...
Ranchos de raparigas de bilha à cabeça
Que passam lá fora, cheias de estar sob o sol,
Cruzam-se com grandes grupos peganhentos de gente que
 [anda na feira,
Gente toda misturada com as luzes das barracas, com a noite
 [e com o luar,
E os dois grupos encontram-se e penetram-se
Até formarem só um que é os dois...
A feira e as luzes das feiras e a gente que anda na feira,
E a noite que pega na feira e a levanta no ar,
Andam por cima das copas das árvores cheias de sol,
Andam visivelmente por baixo dos penedos que luzem ao sol,
Aparecem do outro lado das bilhas que as raparigas levam
 [à cabeça,
E toda esta paisagem de primavera é a lua sobre a feira,
E toda a feira com ruídos e luzes é o chão deste dia de sol...

De repente alguém sacode esta hora dupla como numa peneira
E, misturado, o pó das duas realidades cai
Sobre as minhas mãos cheias de desenhos de portos
Com grandes naus que se vão e não pensam em voltar...
Pó de ouro branco e negro sobre os meus dedos...

As minhas mãos são os passos daquela rapariga que
   [abandona a feira,
Sozinha e contente como o dia de hoje...

VI

O maestro sacode a batuta,
E lânguida e triste a música rompe...
Lembra-me a minha infância, aquele dia
Em que eu brincava ao pé de um muro de quintal
Atirando-lhe com uma bola que tinha dum lado
O deslizar dum cão verde, e do outro lado
Um cavalo azul a correr com um jockey amarelo...

Prossegue a música, e eis na minha infância
De repente entre mim e o maestro, muro branco,
Vai e vem a bola, ora um cão verde,
Ora um cavalo azul com um jockey amarelo...

Todo o teatro é o meu quintal, a minha infância
Está em todos os lugares, e a bola vem a tocar música
Uma música triste e vaga que passeia no meu quintal
Vestida de cão tornando-se jockey amarelo...
(Tão rápida gira a bola entre mim e os músicos...)
Atiro-a de encontro à minha infância e ela
Atravessa o teatro todo que está aos meus pés
A brincar com um jockey amarelo e um cão verde

E um cavalo azul que aparece por cima do muro
Do meu quintal... E a música atira com bolas
À minha infância... E o muro do quintal é feito de gestos
De batuta e rotações confusas de cães verdes
E cavalos azuis e jockeys amarelos...

Todo o teatro é um muro branco de música
Por onde um cão verde corre atrás de minha saudade
Da minha infância, cavalo azul com um jockey amarelo...

E dum lado para o outro, da direita para a esquerda,
Donde há árvores e entre os ramos ao pé da copa
Com orquestras a tocar música,
Para onde há filas de bolas na loja onde comprei
E o homem da loja sorri entre as memórias da minha infância...

E a música cessa como um muro que desaba,
A bola rola pelo despenhadeiro dos meus sonhos interrompidos,
E do alto dum cavalo azul, o maestro, jockey amarelo
　　[tornando-se preto,
Agradece, pousando a batuta em cima da fuga dum muro,
E curva-se, sorrindo, com uma bola branca em cima da cabeça,
Bola branca que lhe desaparece pelas costas abaixo...

O menino de sua mãe
1926

No plaino abandonado,
Que a morna brisa aquece,
De balas traspassado
– Duas, de lado a lado –
Jaz morto, e arrefece.

Raia-lhe a farda o sangue.
De braços estendidos,
Alvo, louro, exangue,
Fita com olhar langue
E cego os céus perdidos.

Tão jovem! Que jovem era!
(Agora que idade tem?)
Filho único, a mãe lhe dera
Um nome e o mantivera:
"O menino da sua mãe"...

Caiu-lhe da algibeira
A cigarreira breve.
Dera-lhe a mãe. Está inteira
E boa a cigarreira,

Ele é que já não serve.
De outra algibeira, alada
Ponta a roçar o solo,
A brancura embainhada
Do lenço... Deu-lho a criada
Velha que o trouxe ao colo.

Lá longe, em casa, há a prece:
Que volte cedo, e bem!
(Malhas que o Império tece!)
Jaz morto, e apodrece,
O menino da sua mãe...

[Dá a surpresa de ser]
1930

Dá a surpresa de ser.
É alta, de um louro escuro.
Faz bem só pensar em ver
Seu corpo meio maduro.

Seus seios altos parecem
(Se ela estivesse deitada)
Dois montinhos que amanhecem
Sem ter que haver madrugada.

E a mão do seu braço branco
Assenta em palmo espalhado
Sobre a saliência do flanco
Do seu relevo tapado.

Apetece como um barco.
Tem qualquer coisa de gomo.
Meu Deus, quando é que eu embarco?
Ó fome, quando é que eu como?

[Gato que brincas na rua]
1931

Gato que brincas na rua
Como se fosse na cama,
Invejo a sorte que é tua
Porque nem sorte se chama.

Bom servo das leis fatais
Que regem pedras e gentes,
Que tens instintos gerais
E sentes só o que sentes,

És feliz porque és assim,
Todo o nada que és é teu.
Eu vejo-me e estou sem mim,
Conheço-me e não sou eu.

Autopsicografia
1931

O poeta é um fingidor.
Finge tão completamente
Que chega a fingir que é dor
A dor que deveras sente.

E os que leem o que escreve,
Na dor lida sentem bem,
Não as duas que ele teve,
Mas só a que eles não têm.

E assim nas calhas de roda
Gira, a entreter a razão,
Esse comboio de corda
Que se chama coração.

[Não: não digas nada!]
1931

Não: não digas nada!
Supor o que dirá
A tua boca velada
É ouvi-lo já.

É ouvi-lo melhor
Do que o dirias.
O que és não vem à flor
Das frases e dos dias.

És melhor do que tu.
Não digas nada: sê!
Graça do corpo nu
Que invisível se vê.

[Tudo que faço ou medito]
1933

Tudo que faço ou medito –
Fica sempre pela metade,
Querendo, quero o Infinito.
Fazendo, nada é verdade.

Que nojo de mim me fica
Ao olhar para o que faço!
Minha alma é lúcida e rica,
E eu sou um mar de sargaço –

Um mar onde bóiam lentos
Fragmentos de um mar de além...
Vontades ou pensamentos?
Não o sei e sei-o bem.

[Tenho tanto sentimento]
1933

Tenho tanto sentimento
Que é frequente persuadir-me
De que sou sentimental,
Mas reconheço, ao medir-me,
Que tudo isso é pensamento,
Que não senti afinal.

Temos, todos que vivemos,
Uma vida que é vivida
E outra vida que é pensada,
E a única vida que temos
É essa que é dividida
Entre a verdadeira e a errada.

Qual porém é verdadeira
E qual errada, ninguém
Nos saberá explicar;
E vivemos de maneira
Que a vida que a gente tem
É a que tem que pensar.

[Viajar! Perder países!]
1933

Viajar! Perder países!
Ser outro constantemente,
Por a alma não ter raízes
De viver de ver somente!

Não pertencer nem a mim!
Ir em frente, ir a seguir
A ausência de ter um fim,
E a ânsia de o conseguir!

Viajar assim é viagem.
Mas faço-o sem ter de meu
Mais que o sonho da passagem.
O resto é só terra e céu.

Isto
1933

Dizem que finjo ou minto
Tudo que escrevo. Não.
Eu simplesmente sinto
Com a imaginação.
Não uso o coração.

Tudo o que sonho ou passo,
O que me falha ou finda,
É como que um terraço
Sobre outra cousa ainda.
Essa cousa é que é linda.

Por isso escrevo em meio
Do que não está ao pé,
Livre do meu enleio,
Sério do que não é.
Sentir? Sinta quem lê!

Eros e Psique
1933

> ... E assim vedes, meu Irmão, que as verdades
>   [que vos foram
> dadas no Grau de Neófito, e aquelas que vos
>   [foram dadas no
> Grau de Adepto Menor, são, ainda que
>   [opostas, a mesma
> Verdade.

Do ritual do Grau de Mestre do Átrio na Ordem Templária de Portugal

Conta a lenda que dormia
Uma princesa encantada
A quem só despertaria
Um infante, que viria
De além do muro da estrada

Ele tinha que, tentado,
Vencer o mal e o bem,
Antes que, já libertado,
Deixasse o caminho errado
Por o que à Princesa vem.

A Princesa Adormecida,
Se espera, dormindo espera.

Sonha em morte a sua vida,
E orna-lhe a fronte esquecida,
Verde, uma grinalda de hera.
Longe o infante, esforçado,
Sem saber que intuito tem,
Rompe o caminho fadado.
Ele dela é ignorado.
Ela para ele é ninguém.

Mas cada um cumpre o Destino —
Ela dormindo encantada,
Ele buscando-a sem tino
Pelo processo divino
Que faz existir a estrada.

E, se bem que seja obscuro
Tudo pela estrada fora,
E falso, ele vem seguro,
E, vencendo estrada e muro,
Chega onde em sono ela mora.

E, inda tonto do que houvera,
À cabeça, em maresia,
Ergue a mão, e encontra hera,
E vê que ele mesmo era
A princesa que dormia.

Liberdade
1935

(Falta uma citação de Sêneca)[1]

Ai que prazer
Não cumprir um dever,
Ter um livro para ler
E não o fazer!
Ler é maçada,
Estudar é nada.
O sol doura sem literatura.
O rio corre, bem ou mal,
Sem edição original.
E a brisa, essa,
De tão naturalmente matinal,
Como tem tempo não tem pressa.

Livros são papéis pintados com tinta.
Estudar é uma coisa em que está indistinta
A distinção entre nada e coisa nenhuma.
Quanto é melhor, quando há bruma,

---

[1]. Ao entregar o poema datilografado para os editores de Seara Nova, havia a observação sublinhada: "Falta uma citação de Sêneca". Segundo Jerónimo Pizarro, o poema deve ser reproduzido assim.

Esperar por D. Sebastião,
Quer venha ou não!

Grande é a poesia, a bondade e as danças...
Mas o melhor do mundo são crianças,
Flores, música, o luar, e o sol, que peca
Só quando, em vez de criar, seca.

O mais do que isto
É Jesus Cristo,
Que não sabia nada de finanças
Nem consta que tivesse biblioteca...

D. Dinis

Na noite escreve um seu Cantar de Amigo
O plantador de naus a haver,
E ouve um silêncio múrmuro consigo:
É o rumor dos pinhais que, como um trigo
De Império, ondulam sem se poder ver.

Arroio, esse cantar, jovem e puro,
Busca o oceano por achar;
E a fala dos pinhais, marulho obscuro,
É o som presente desse mar futuro,
É a voz da terra ansiando pelo mar.

O infante

Deus quer, o homem sonha, a obra nasce.
Deus quis que a terra fosse toda uma,
Que o mar unisse, já não separasse.
Sagrou-te, e foste desvendando a espuma,

E a orla branca foi de ilha em continente,
Clareou, correndo, até ao fim do mundo,
E viu-se a terra inteira, de repente,
Surgir, redonda, do azul profundo.

Quem te sagrou criou-te português.
Do mar e nós em ti nos deu sinal.
Cumpriu-se o Mar, e o Império se desfez.
Senhor, falta cumprir-se Portugal!

Ulisses

O mito é o nada que é tudo.
O mesmo sol que abre os céus
É um mito brilhante e mudo —
O corpo morto de Deus,
Vivo e desnudo.

Este, que aqui aportou,
Foi por não ser existindo.
Sem existir nos bastou.
Por não ter vindo foi vindo
E nos criou.

Assim a lenda se escorre
A entrar na realidade,
E a fecundá-la decorre.
Em baixo, a vida, metade
De nada, morre.

As Quinas/Quinta/D. Sebastião, Rei de Portugal
1933

Louco, sim, louco, porque quis grandeza
Qual a Sorte a não dá.
Não coube em mim minha certeza;
Por isso onde o areal está

Ficou meu ser que houve, não o que há.
Minha loucura, outros que me a tomem

Com o que nela ia.
Sem a loucura que é o homem
Mais que a besta sadia,
Cadáver adiado que procria?

Mar português

Ó mar salgado, quanto do teu sal
São lágrimas de Portugal!
Por te cruzarmos, quantas mães choraram,
Quantos filhos em vão rezaram!
Quantas noivas ficaram por casar
Para que fosses nosso, ó mar!

Valeu a pena? Tudo vale a pena
Se a alma não é pequena.
Quem quer passar além do Bojador
Tem que passar além da dor.
Deus ao mar o perigo e o abismo deu,
Mas nele é que espelhou o céu.

Prece
1922

Senhor, a noite veio e a alma é vil.
Tanta foi a tormenta e a vontade!
Restam-nos hoje, no silêncio hostil,
O mar universal e a saudade.

Mas a chama, que a vida em nós criou,
Se ainda há vida ainda não é finda.
O frio morto em cinzas a ocultou:
A mão do vento pode erguê-la ainda.

Dá o sopro, a aragem – ou desgraça ou ânsia –
Com que a chama do esforço se remoça,
E outra vez conquistaremos a Distância –
Do mar ou outra, mas que seja nossa!

Nevoeiro
1928

Nem rei nem lei, nem paz nem guerra,
Define com perfil e ser
Este fulgor baço da terra
Que é Portugal a entristecer –
Brilho sem luz e sem arder,
Como o que o fogo-fátuo encerra.

Ninguém sabe que coisa quer.
Ninguém conhece que alma tem,
Nem o que é mal nem o que é bem.
(Que ânsia distante perto chora?)
Tudo é incerto e derradeiro.
Tudo é disperso, nada é inteiro.
Ó Portugal, hoje és nevoeiro...

É a Hora!

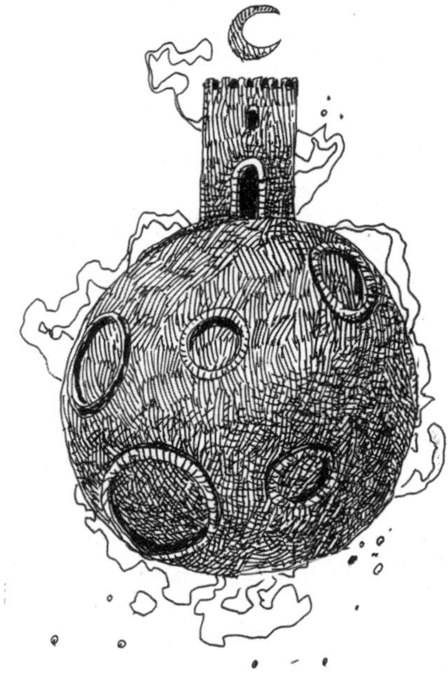

BERNARDO SOARES/FERNANDO PESSOA

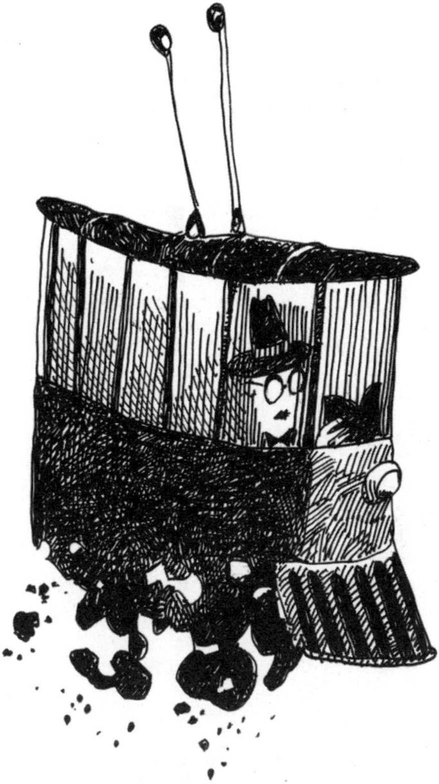

Prefácio
1917?

Há em Lisboa um pequeno número de restaurantes ou casas de pasto em que, sobre uma loja com feitio de taberna decente se ergue uma sobreloja com uma feição pesada e caseira de restaurante de vila sem comboios. Nessas sobrelojas, salvo ao domingo pouco frequentadas, é frequente encontrarem-se tipos curiosos, caras sem interesse, uma série de apartes na vida.

O desejo de sossego e a conveniência de preços levaram-me, em um período da minha vida, a ser frequente em uma sobreloja dessas. Sucedia que, quando calhava jantar pelas sete horas, quase sempre encontrava um indivíduo cujo aspecto, não me interessando a princípio, pouco a pouco passou a interessar-me.

Era um homem que aparentava trinta anos, magro, mais alto que baixo, curvado exageradamente quando sentado, mas menos quando de pé, vestido com um certo desleixo não inteiramente desleixado. Na face pálida e sem interesse de feições um ar de sofrimento não acrescentava interesse, e era difícil definir que espécie de sofrimento esse ar indicava – parecia indicar vários, privações, angústias, e aquele sofrimento que nasce da indiferença que provém de ter sofrido muito.

Jantava sempre pouco, e acabava fumando tabaco de onça. Reparava extraordinariamente para as pessoas que estavam, não suspeitosamente, mas com um interesse especial; mas não as observava como que perscrutando-as, mas como que interessando-se por elas sem querer fixar-lhes as feições ou detalhar-lhes as manifestações de feitio. Foi esse traço curioso que primeiro me deu interesse por ele.

Passei a vê-lo melhor. Verifiquei que um certo ar de inteligência animava de certo modo incerto as suas feições. Mas o abatimento, a estagnação da angústia fria, cobria tão regularmente o seu aspecto que era difícil descortinar outro traço além desse.

Soube incidentalmente, por um criado do restaurante, que era empregado de comércio, numa casa ali perto.

Um dia houve um acontecimento na rua, por baixo das janelas – uma cena de pugilato entre dois indivíduos. Os que estavam na sobreloja correram às janelas, e eu também, e também o indivíduo de quem falo. Troquei com ele uma frase casual, e ele respondeu no mesmo tom. A sua voz era baça e trêmula, como a das criaturas que não esperam nada, porque é perfeitamente inútil esperar. Mas era porventura absurdo dar esse relevo ao meu colega vespertino de restaurante.

Não sei porquê, passamos a cumprimentarmo-nos desde esse dia. Um dia qualquer, que nos aproximara talvez a circunstância absurda de coincidir virmos ambos jantar às nove e meia, entramos em uma conversa casual. A certa altura ele perguntou-me se eu escrevia. Respondi que sim. Falei-lhe da revista Orpheu, que havia pouco aparecera. Ele elogiou-a, elogiou-a bastante, e eu então pasmei deveras. Permiti-me observar-lhe que estranhava, porque a arte dos que escrevem em Orpheu sói ser para poucos. Ele disse-me que talvez fosse dos poucos. De resto, acrescentou, essa arte não lhe trouxera propriamente novidade: e timidamente observou que, não tendo para onde ir nem que fazer, nem amigos que visitasse, nem interesse em ler livros, soía gastar as suas noites, no seu quarto alugado, escrevendo também.

[...]
1914?

Se eu tivesse escrito o Rei Lear, levaria com remorsos toda a minha vida de depois. Porque essa obra é tão grande, que enormes avultam os seus defeitos, os seus monstruosos defeitos, as coisas até mínimas que estão entre certas cenas e a perfeição possível delas. Não é o sol com manchas; é uma estátua grega partida. Tudo quanto tem sido feito está cheio de erros, de faltas de perspectiva, de ignorâncias, de traços de mau gosto, de fraquezas e desatenções. Escrever uma obra de arte com o preciso tamanho para ser grande, e a precisa perfeição para ser sublime, ninguém tem o divino de o fazer, a sorte de o ter feito. O que não pode ir de um jato sofre do acidentado do nosso espírito.

Se penso nisto entra com minha imaginação um desconsolo enorme, uma dolorosa certeza de nunca poder fazer nada de bom e útil para a Beleza. Não há método de obter a Perfeição exceto ser Deus. O nosso maior esforço dura tempo; o tempo que dura atravessa diversos estados da nossa alma, e cada estado de alma, como não é outro, qualquer, perturba com a sua personalidade a individualidade da obra. Só temos a certeza de escrever mal, quando escrevemos; a única obra grande e perfeita é aquela que nunca se sonhe realizar.

Escuta-me ainda, e compadece-te. Ouve tudo isto e diz-me depois se o sonho não vale mais que a vida. O trabalho nunca dá resultado. O esforço nunca chega a parte nenhuma. Só a abstenção é nobre e alta, porque ela é a que reconhece que a realização é sempre inferior, e que a obra feita é sempre a sombra grotesca da obra sonhada.

Poder escrever, em palavras sobre papel, que se possam depois ler alto e ouvir, os diálogos das personagens dos meus dramas imaginados! Esses dramas têm uma ação perfeita e sem quebra, diálogos sem falha, mas nem a ação se esboça em mim em comprimento, para que eu a possa projetar em realização; nem são propriamente palavras o que forma a substância desses diálogos íntimos, para que, ouvidas com atenção, eu as possa traduzir para escritas.

Amo alguns poetas líricos porque não foram poetas épicos ou dramáticos, porque tiveram a justa intuição de nunca querer mais realização do que a de um momento de sentimento ou de sonho. O que se pode escrever inconscientemente - tanto mede o possível perfeito. Nenhum drama de Shakespeare satisfaz como uma lírica de Heine. É perfeita a lírica de Heine, e todo o drama - de um Shakespeare ou de outro, é imperfeito sempre. Poder construir, erguer um Todo, compor uma coisa que seja como um corpo humano, com perfeita correspondência nas suas partes, e com uma vida, uma vida de unidade e congruência, unificando a dispersão de feitios das suas partes!

Tu, que me ouves e mal me escutas, não sabes o que é esta tragédia! Perder pai e mãe, não atingir a glória nem a felicidade, não ter um amigo nem um amor – tudo isso se pode suportar; o que se não pode suportar é sonhar uma coisa bela que não seja possível conseguir em ato ou palavras. A consciência do trabalho perfeito, a fartura da obra obtida – suave é o sono sob essa sombra de árvore, no verão calmo.

[...]
1929

    Amo, pelas tardes demoradas de Verão, o sossego da cidade baixa, e sobretudo aquele sossego que o contraste acentua na parte que o dia mergulha em mais bulício. A Rua do Arsenal, a Rua da Alfândega, o prolongamento das ruas tristes que se alastram para leste desde que a da Alfândega cessa, toda a linha separada dos cais quedos – tudo isso me conforta de tristeza, se me insiro, por essas tardes, na solidão do seu conjunto. Vivo uma era anterior àquela em que vivo; gozo de sentir-me coevo de Cesário Verde, e tenho em mim, não outros versos como os dele, mas a substância igual à dos versos que foram dele. Por ali arrasto, até haver noite, uma sensação de vida parecida com a dessas ruas. De dia elas são cheias de um bulício que não quer dizer nada; de noite são cheias de uma falta de bulício que não quer dizer nada. Eu de dia sou nulo, e de noite sou eu. Não há diferença entre mim e as ruas para o lado da Alfândega, salvo elas serem ruas e eu ser alma, o que pode ser que nada valha, ante o que é a essência das coisas. Há um destino igual, porque é abstrato, para os homens e para as coisas – uma designação igualmente indiferente na álgebra do mistério.

    Mas há mais alguma coisa... Nessas horas lentas e vazias, sobe-me da alma à mente uma tristeza de todo o ser, a amargura de tudo ser ao mesmo tempo uma sensação minha e uma coisa externa, que não está em meu poder alterar. Ah, quantas vezes meus próprios sonhos se me erguem em coisas, não para me substituírem a realidade, mas para se me confessarem seus pares em eu os não querer, em me surgirem de fora, como o elétrico que dá a volta na curva extrema da rua, ou a voz do apregoador noturno, de não sei que coisa, que se destaca, toada árabe, como um repuxo súbito, da monotonia do entardecer!

Passam casais futuros, passam os pares das costureiras, passam rapazes com pressa de prazer, fumam no seu passeio de sempre os reformados de tudo, a uma ou outra porta reparam em pouco os vadios parados que são donos das lojas. Lentos, fortes e fracos, os recrutas sonambulizam em molhos ora muito ruidosos ora mais que ruidosos. Gente normal surge de vez em quando. Os automóveis ali a esta hora não são muito frequentes; esses são musicais. No meu coração há uma paz de angústia, e o meu sossego é feito de resignação.

Passa tudo isso, e nada de tudo isso me diz nada, tudo é alheio ao meu destino, alheio, até, ao destino próprio – inconsciência, carambas ao despropósito quando o acaso deita pedras, ecos de vozes incógnitas – salada coletiva da vida.

[...]
1929?

Invejo – mas não sei se invejo – aqueles de quem se pode escrever uma biografia, ou que podem escrever a própria. Nestas impressões sem nexo, nem desejo de nexo, narro indiferentemente a minha autobiografia sem fatos, a minha história sem vida. São as minhas Confissões, e, se nelas nada digo, é que nada tenho que dizer.

Que há-de alguém confessar que valha ou que sirva? O que nos sucedeu, ou sucedeu a toda a gente ou só a nós; num caso não é novidade, e no outro não é de compreender. Se escrevo o que sinto é porque assim diminuo a febre de sentir. O que confesso não tem importância, pois nada tem importância. Faço paisagens com o que sinto. Faço férias das sensações. Compreendo bem as bordadoras por mágoa e as que fazem meia porque há vida. Minha tia velha fazia paciências durante o infinito do serão. Estas confissões de sentir são paciências minhas. Não as interpreto, como quem usasse cartas para saber o destino. Não as ausculto, porque nas paciências as cartas não têm propriamente valia. Desenrolo-me como uma meada multicolor, ou faço comigo figuras de cordel, como as que se tecem nas mãos espetadas e se passam de umas crianças para as outras. Cuido só de que o polegar não falhe o laço que lhe compete. Depois viro a mão e a imagem fica diferente. E recomeço.

Viver é fazer meia com uma intenção dos outros. Mas, ao fazê-la, o pensamento é livre, e todos os príncipes encantados podem passear nos seus parques entre mergulho e mergulho da agulha de marfim com bico reverso. Crochê das coisas... Intervalo... Nada...

De resto, com que posso contar comigo? Uma acuidade horrível das sensações, e a compreensão profunda de estar sentindo... Uma inteligência aguda para me destruir, e um poder de sonho sôfrego de me entreter... Uma vontade morta e uma reflexão que a embala, como a um filho vivo... Sim, crochê...

[....]
posterior a 1931

Gosto de dizer. Direi melhor: gosto de palavrar. As palavras são para mim corpos tocáveis, sereias visíveis, sensualidades incorporadas. Talvez porque a sensualidade real não tem para mim interesse de nenhuma espécie – nem sequer mental ou de sonho –, transmudou-se-me o desejo para aquilo que em mim cria ritmos verbais, ou os escuta de outros. Estremeço se dizem bem. Tal página de Fialho, tal página de Chateaubriand, fazem formigar toda a minha vida em todas as veias, fazem-me raivar tremulamente quieto de um prazer inatingível que estou tendo. Tal página, até, de Vieira, na sua fria perfeição de engenharia sintática, me faz tremer como um ramo ao vento, num delírio passivo de coisa movida.

Como todos os grandes apaixonados, gosto da delícia da perda de mim, em que o gozo da entrega se sofre inteiramente. E, assim, muitas vezes, escrevo sem querer pensar, num devaneio externo, deixando que as palavras me façam festas, criança menina ao colo delas. São frases sem sentido, decorrendo mórbidas, numa fluidez de água sentida, esquecer-se de ribeiro em que as ondas se misturam e indefinem, tornando-se sempre outras, sucedendo a si mesmas. Assim as ideias, as imagens, trêmulas de expressão, passam por mim em cortejos sonoros de sedas esbatidas, onde um luar de ideia bruxuleia, malhado e confuso.

Não choro por nada que a vida traga ou leve. Há porém páginas de prosa que me têm feito chorar. Lembro-me, como do que estou vendo, da noite em que, ainda criança, li pela primeira vez numa seleta o passo célebre de Vieira sobre o rei Salomão. «Fabricou Salomão um palácio...» E fui lendo, até ao fim, trêmulo, confuso: depois rompi em lágrimas, felizes, como nenhuma felicidade real me fará chorar, como nenhuma tristeza da vida me fará imitar. Aquele movimento hierático da nossa clara língua majestosa, aquele exprimir das ideias nas palavras inevitáveis, correr de água porque há declive, aquele assombro vocálico em que os sons são cores ideais – tudo isso me toldou de instinto como uma grande emoção política. E, disse, chorei: hoje, relembrando, ainda choro. Não é – não – a saudade da infância de que não tenho saudades: é a saudade da emoção daquele momento, a mágoa de não poder já ler pela primeira vez aquela grande certeza sinfônica.

Não tenho sentimento nenhum político ou social. Tenho, porém, num sentido, um alto sentimento patriótico. Minha pátria é a língua portuguesa. Nada me pesaria que invadissem ou tomassem Portugal, desde que não me incomodassem pessoalmente. Mas odeio, com ódio verdadeiro, com o único ódio que sinto, não quem escreve mal português, não quem não sabe sintaxe, não quem escreve em ortografia simplificada, mas a página mal escrita, como pessoa própria, a sintaxe errada, como gente em que se bata, a ortografia sem ípsilon, como um escarro direto que me enoja independentemente de quem o cuspisse.

Sim, porque a ortografia também é gente. A palavra é completa vista e ouvida. E a gala da transliteração greco-romana veste-ma do seu vero manto régio, pelo qual é senhora e rainha.

JOSÉ JORGE LETRIA nasceu em Cascais, Portugal, em 1951. É jornalista, poeta, dramaturgo, ficcionista e autor de uma vasta obra para crianças e jovens. Estudou Direito, História e História da Arte na Universidade de Lisboa e atuou como editor e redator em inúmeros jornais portugueses. Tem livros traduzidos em várias línguas e é distinguido com importantes prêmios literários nacionais e internacionais. Pela Peirópolis publicou *O livro extravagante e outros poemas*, *Animais fantásticos*, *Versos para os pais lerem aos filhos em noites de luar*, *Avô, conta outra vez*, *Brincar com as palavras* e *Rimas de lá e de cá*.

SUSANA VENTURA, doutora em Estudos Comparados de Literaturas de Língua Portuguesa pela Universidade de São Paulo, é professora e pesquisadora das literaturas de língua portuguesa, e escreve sobre livros e leituras, também para crianças. Tem publicados pela Peirópolis *Convite à navegação – Uma conversa sobre literatura portuguesa*, *Eu, Fernando Pessoa em quadrinhos* (com Eloar Guazzelli) e *De onde vem o Português* (com Silvia Amstalden). Apetecem-lhe Fernando Pessoa, José Saramago, José Jorge Letria, Lídia Jorge, Maria José Silveira, Pepetela, Luandino Vieira, Mia Couto, Paulina Chiziane, Cecília Meireles, Sophia de Mello Breyner Andresen e vários outros escritores.

PARA OUVIR parte dos poemas desta antologia entoados por José Jorge Letria e Susana Ventura, basta ler o QR Code com seu celular ou acessar a página da editora: <www.editorapeiropolis.com.br/apetece-lhepessoa?>

Disponível em e-book nos formatos KF8 (ISBN 978-85-7596-512-2) e ePub (ISBN 978-85-7596-511-5)

POEMAS ENTOADOS

ÁLVARO DE CAMPOS
Poema em linha reta
Lisbon Revisited (1923)
Lisbon Revisited (1926)
Tabacaria
[Cruz na porta da tabacaria!]
Adiamento
Apontamento
Aniversário
Ah, um soneto...
[Quero acabar entre rosas, porque as amei na infância]
Dobrada à moda do Porto
[Todas as cartas de amor são]

ALBERTO CAEIRO
De O guardador de rebanhos (1911-1912)
I
II
IX
XX
XLVII
De O pastor amoroso
[V – O amor é uma companhia]
De Poemas inconjuntos (1913-1915)
[Se depois de eu morrer, quiserem escrever a minha biografia]
[É talvez o último dia da minha vida]

RICARDO REIS
[Não só quem nos odeia ou nos inveja]
[Quer pouco: terás tudo]
[Para ser grande, sê inteiro]
[Uns, com os olhos postos no passado]
[Estás só. Ninguém o sabe. Cala e finge]
[Vivem em nós inúmeros]

FERNANDO PESSOA
[A minha vida é um barco abandonado]
Chuva Oblíqua I
Chuva Oblíqua II
Chuva Oblíqua III
Chuva Oblíqua IV
Chuva Oblíqua V
Chuva Oblíqua VI
O menino de sua mãe
[Dá a surpresa de ser]
[Gato que brincas na rua]
Autopsicografia
[Não: não digas nada!]
[Tudo que faço ou medito]
[Tenho tanto sentimento]
[Viajar! Perder países!]
Isto
Eros e Psique
Liberdade
De Mensagem
D. Dinis
infante
Ulisses
As Quinas
Mar português (Letria)
Mar Português (Susana)
Prece
Nevoeiro

BERNARDO SOARES
De Livro do Desassossego (1982)
Prefácio
[...] Invejo – mas não sei se invejo – aqueles...
[...] Gosto de dizer. Direi melhor: gosto de palavrar...

POEMAS EXTRAS
EXTRA 01 – Gomes Leal
EXTRA 02 – Poemas Inconjuntos (Alberto Caeiro) – Se Eu Morrer Novo
EXTRA 03 – Tenho Uma Grande Constipação

EDITORA
Peirópolis

A gente publica o que gosta de ler:
livros que transformam.